Rezension zu Sharon E. Hutchinsons "Nuer Dilemmas - Coping with Money, War and the State"

Miro Ilic

Bibliografische Information der Deutschen Nationalbibliothek:

Die Deutsche Nationalbibliothek verzeichnet diese Publikation in der Deutschen Nationalbibliografie; detaillierte bibliografische Daten sind im Internet über http://dnb.d-nb.de abrufbar.

ISBN: 9783346958389
Dieses Buch ist auch als E-Book erhältlich.

© GRIN Publishing GmbH
Trappentreustraße 1
80339 München

Druck und Bindung: Books on Demand GmbH, Norderstedt Germany
Gedruckt auf säurefreiem Papier aus verantwortungsvollen Quellen

Das vorliegende Werk wurde sorgfältig erarbeitet. Dennoch übernehmen Autoren und Verlag für die Richtigkeit von Angaben, Hinweisen, Links und Ratschlägen sowie eventuelle Druckfehler keine Haftung.

Das Buch bei GRIN: https://www.grin.com/document/1405906

Rezension zu:

Sharon E. Hutchinson; Nuer Dilemmas

Coping with Money, War and the State

Proseminararbeit

Minor Ethnologie

vorgelegt von:

Ilic Miro

am:

01.09.2023

Inhaltsverzeichnis

Disclaimer

In dieser Arbeit wird aus Gründen der besseren Lesbarkeit das generische Maskulinum verwendet. Weibliche und anderweitige Geschlechteridentitäten werden dabei ausdrücklich mitgemeint, soweit es für die Aussage erforderlich ist.

In dieser Arbeit wird folgende Publikation / folgendes Buch rezensiert:

Hutchinson, Sharon E. *Nuer Dilemmas - Coping with Money, War, and the State*. Berkeley, Los Angeles, London: University of California Press, 1996.

Die Einleitung

Ich fragte unsere Leiterin des Ethnologischen Seminars an der Universität Luzern, ob sie eine Idee für ein Thema für eine Proseminararbeit hätte. Von ihr kam der Vorschlag, dass ich eine Rezension verfassen könnte, denn auch das Schreiben der Rezensionen gehört unter anderem auch zur Aufgabe eines Wissenschaftlers. Kritik gehört zur Wissenschaft. Sie löst Diskussionen aus, welche die Wissenschaft schliesslich zum Fortschritt bewegen. Für meine erste Rezension schlug die Dozentin *Nuer Dilemmas – Coping with Money, War, and the State von Sharon E. Hutchinson* vor.

Ich bestellte das Buch und eine Woche spätere war es bei mir im Briefkasten. Da begann die Lektürephase für diese Rezension, die im Hauptteil folgt. In der Zeit des Wartens auf das Buch, machte ich mich über die Autorin schlau.

*****

Geboren wurde Hutchinson im Jahr 1952. Sie verfasste ihre Dissertation im Fach Ethnologie im Jahr 1988 und bekam schliesslich ihr Doktor-Titel von der Universität in Chicago verliehen. Nach dem Doktorat wurde Hutchinson zur Assistenz-Professorin für Ethnologie an der Universität Yale. Zwei Jahre später, im Jahr 1990, wechselte sie zur Universität Wisconsin-Medison an das Sozialethnologiesches Institut, wo sie ordentliche Professur innehatte. Anfangs der 2000er Jahre war Hutchinson an der Universität Wisconsin-Madison ordentliche Professorin für Ethnologie, sowie Direktorin des Programms für Afrikastudien. Ihre ethnologische Forschung fokussiert sich geografisch auf die Gebiete Sudans. In ihrem Buch schreibt Hutchinson über die Nuer, die aus Sudan stammen. Sie thematisiert in ihrer Forschung Prozesse des sozialen und kulturellen Wandels, welche durch den Krieg zwischen der islamischen Bevölkerung und Nuer ausgelöst wurden. In diesem Sinne steht der Bürgerkrieg also im Vordergrund.

Die Autorin ist unter anderem eine gesuchte Lehrbeauftragte und wird gerne an andere Universitäten und Institute eingeladen, Vorlesungen zu halten und Seminare zu leiten. Auf der Webseite der Universität I Bergen (Norwegen) – Institut für Sozialethnologie – lässt sich eine Lehrveranstaltung finden, welche Hutchinson im

Jahr 2009 geleitet hatte, finden. Das Thema war «Perilous Outcomes: International Monitoring and the Perpetuation of Violence in Sudan».

Die Leitfragen ihrer Forschung beziehen sich auf Wiederaufbau nach dem Krieg, internationalen Humanitarismus und Menschenrechte, Migration der verschiedenen Bevölkerungsgruppen aufgrund des Kriegsgeschehens, sowie die Einflüsse der Ölförderung im Sudan auf internationalem Niveau. Des Weiteren werden immer wieder die Themen der Geschlechterrollen und die Differenzierung zwischen diversen Positionen in der Nuer-Gesellschaft aufgegriffen Alle diese Themen thematisiert die Autorin in ihrer Ethnographie über Nuer. Hutchinson selbst beantwortet – oder zumindest elaboriert – die meisten Fragen mit der eigenen Feldforschung, auf welcher auch ihr Buch über die Nuer basiert. In ihrer Argumentation bezieht sich die Autorin jedoch zusätzlich vermehrt auf die Forschung von E. E. Pritchard – natürlich mit einem kritischen Auge.

Nuer Dilemmas: Coping with Money, War, and the State

Hutchinson schrieb ihr Buch basierend auf ihrer Feldforschung in Sudan, als sie bei den Nuer lebte. Sie forschte zwischen Dezember 1980 und Februar 1983 bei den Nuer. Sie schreibt über ihre Beobachtungen, Eindrücke und Fragen, die sich während ihres Aufenthalts bzw. während der Teilnahme am Nuer-Leben stellten. Die Teilnehmende Beobachtung ist für die Ethnologen von wesentlicher Bedeutung und die entstandene Ethnographie Hutchinsons führt die Wissenschaft in die Revision der bisherigen Annahmen, die von ihrer akademischen Vorgänger gemacht wurden. Dabei präsentiert Hutchinson ihre Fassung der Ergebnisse im Vergleich der bisherigen Forschung von E. E. Pritchard.

Die Beobachtungen Hutchinsons und ihre Ergebnisse beschreibt die Autorin Schritt für Schritt auf 356 Seiten. An Fotografien und Tabellen mangelt es nicht, denn die Eindrücke, welche ein Forscher nur selbst vor Ort erleben kann, lassen sich nicht reproduzieren. Die zahlreiche Fotografien, welche die Autorin während ihres Aufenthaltes machte, ergänzen den Text durch optisch Eindrücke. Die Tabellen im Anhang Hutchinsons helfen zusätzlich den Ausmass der Forschung, sowie der Ereignisse, die von der Autorin elaboriert werden, besser zu verstehen und es sich vorzustellen. Das Buch wurde schliesslich im Jahr 1996 von der University of California Press publiziert und genoss viel positive Kritik von der Forschung, sowie vom breiterem Publikum ausserhalb der akademischen Forschung.

*****

Sharon E. Hutchinson beginnt ihr Buch mit einer Danksagung. Diese ist für die Transparenz des Projekts von grosser Bedeutung, denn es werden schon erste Informationen über das Projekt, das 14 Jahre lang dauerte, bekannt gegeben. Die Autorin dankt vor allem den Institutionen, welche das Projekt finanzierten und zählt Auszeichnungen und Stipendien auf, die sie erhielt. Zusätzlich schafft diese Transparenz Vertrauen zwischen dem Leser und der Autorin.

Im nächsten Schritt macht Hutchinson den Leser mit den linguistischen Eigenschaften der Sprache der Nuer vertraut. Dies ist von grossem Vorteil, denn mit Kenntnissen über die Sprache kann zu einem gewissen Grad verstanden werden, wie die Logik und die Gedanken der Menschen funktionieren. Die Aussprache, welche die

Autorin sehr detailreich erklärt, ist meines Erachtens jedoch nicht von wesentlicher Bedeutung für den Leser, nichtsdestotrotz ist es gut zu wissen, wie die Aussprache funktioniert. Ohne die Sprache jedoch von den Einheimischen zu hören, ist es schwer, sich die Laute und Töne vorzustellen.

Hutchinson nimmt das Publikum ad hoc mit in ihre Ethnografie – wie ein einer Kurzgeschichte befindet sich der Leser mitten im Geschehen. Die Angenehme Führung der Autorin wirkt in etwa wie Tagebucheinträge. Die Formulierungen sind sehr einfach, was dem Leser ermöglicht sich in einem fremden Land wie Sudan zurecht zu finden. Hutchinson berichtet über den Krieg und wie die Menschen dort reagieren, wohin sie fliehen, was sie mitnehmen und was für Folgen der Krieg hat, sowie noch haben wird.

Interessant ist die Beobachtung, wie die Teilnehmende Beobachtung als Methode nicht gänzlich objektiv ist. An einer Stelle berichtet Hutchinson über eine Situation, in welcher ein Dialog zwischen der Autorin und einer Nuer-Frau stattfand und die Autorin ihre – bzw. westliche – Sichtweise auf die gegebene Umstände gegenüber der Gesprächspartnerin offenbart, die allerdings mit den Schilderung Hutchinsons nicht vollumfänglich einverstanden war. Die restlichen Zuhörer machten sich über die Idee der Autorin lustig. Es wird gezeigt, dass die ethnologische Forschung also reziprok verläuft – ein Beispiel par excellence der Feldforschung.[1] Hutchinson beobachtete und befragte die Einheimische, allerdings wurde auch sie von der Nuer beobachtet und über 'westlichen' Kultur befragt. Als sie ihre Meinung bzw. ihre Denkweise präsentiert, reagiert die Nuer-Frau überrascht. Dies ist für die Autorin des Buches relevant, sowie für die Nuer, denn beide lernen etwas voneinander. Anhand solcher Erzählungen beschreibt Hutchinson die Situation, in welcher sie sich in Sudan befindet. Sie erwähnt die Kriege, politische Reformen und Konflikte in der Staatsregierung, welche nicht gänzlich akzeptiert wird. Hierzu erläutert Hutchinson nur kurz die politische Pole der Extrema – diese sind später im Hauptteil des Buches genauer beschrieben und kontextualisiert.

Am Schluss der zwanzigseitigen Einleitung baute die Autorin noch drei Testimonia in ihren Text ein. Die Testimonia sind Transkriptionen der Schilderungen der Nuer über die Kriegserfahrungen, welche Nuer an eigenem Leibe erlebten. Die

---

[1] Sharon E. Hutchinson, *Nuer Dilemmas - Coping with Money, War, and the State* (Berkeley, Los Angeles, London: University of California Press, 1996). Seite 2.

drei Zeugenaussagen berichten teilweise von solchen Brutalität, welche sich nur schwer vorstellen lässt. Ein Mann berichtet von Amputationen der Phalli, welche danach in die Munde der Männer gesteckt werden. Weiter berichten die Testimonia von zahlreichen Sexualverbrechen und Demütigungen, welche die 'Arabern' an Nuer ausübten. Eine weitere spannende Aussage wäre die Meinung einer älteren Nuerin, die über den Tod und dessen Bedeutung spricht: «If you're a man, you can't just die, you must fight! A man can't die like a woman.»[2] Solche etwas sexistische Aussagen lässt Hutchinson an dieser Stelle unkommentiert. Vor dem Testimonium aller drei Personen gibt die Autorin eine kurze Biografie der jeweiligen Person bekannt. Am Schluss aller Testimonia fasst sie diese zusammen und legitimiert ihre Auswahl deren, sowie bezeugt, wieso diese für ihre Forschung relevant sind. Trotz der Brutalität und konservativer Haltung ist es eine Bereicherung für den Leser einen quasi direkten Kontakt mit den Nuer per Testimonia zu kreieren. In einer gewissen Weise beantwortet Hutchinson die Frage aus der Friedens- und Konfliktforschung in der Ethnologie: «Ist der Krieg geschlechterspezifisch?» Im Fall der Nuer ist die Antwort klar «Ja».

Obwohl die Testimonia unkommentiert bleiben, ist der restliche Teil des Buches ein indirekter Kommentar auf die Aussagen der Nuer. Der Leser greift in die Gedanken, Weltanschauung und Logik des Untersuchungsgegenstandes, nämlich Nuer-Bevölkerung, und kann sich vor dem akademischen Teil eine Übersicht über die Zustände in Sudan, wie in Nuerland, verschaffen. Die Methode des Storytellings, welche Hutchinson wählt für ihre Erzählweise macht die komplexe Materie etwas einfacher und der Leser wird quasi nicht ad hoc mit dem akademischen Fachchinesisch konfrontiert.

*****

Mit dem ersten Kapitel, betitelt «Orientations», beginnt Hutchinson ihren Hauptteil des Buches – der Ethnografie – über die Nuer. Sie setzte den Titel sehr clever, denn die Orientierung hat hier mehrere Bedeutungen. Primär handelt es sich um eine Orientierung in der Welt der Akademie. Die Wissenschaftler sprechen hier auch vom Forschungsstand. Die Autorin weist hin, dass ihre Forschung grösstenteils auf der Forschung von E. E. Evans-Pritchard basiert und erwähnt einige allgemeingültige Annahmen, welche sie von Evans-Pritchard übernehmen wird.

---

[2] Hutchinson, Seite 18.

Gleichzeitig erläutert sie, dass ihr Werk eine Fortsetzung und vielmehr eine Korrektur oder Aktualisierung der Beobachtungen und Ergebnisse der Vorgänger Hutchinsons. Sie schreibt sowohl lobend wie auch kritisch über die bisherige Forschung. In diesem Sinne ist die Ethnografie Hutchinsons als eine sog. restudy einzustufen.

Hutchinson schreibt – zweite Bedeutung des Wortes «Orientations» – über die wie ihre Forschung aufgebaut ist, sowie wie sich diese von der bisherigen Forschung unterscheidet. Die Autorin schreibt darüber, wer ihre Informanten sind und wie sie allgemein an die Antworten für ihre Fragen kommt. Sie berichtet über die Nuer als Gemeinschaft und wie sie in diese 'fremde Welt' integriert worden ist. Sie beschreibt die ersten Eindrücke und die Differenzen zwischen den Kulturen. Hier kritisiert sie die Forschung Pritchards, er wäre zu stark auf die eigene Kultur als Referenz fokussiert, wobei die Wissenschaftler viel offener gegenüber dem Untersuchungsgegenstand – hier die Nuer-Gemeinschaft – sein müssen. Als Schlüssel für den Erfolg ihrer Forschung nennt Hutchinson «open note taking»[3], «activ social interaction»[4] und die Anpassung der Gesprächsführung bis zur Perfektion. Nota bene, der Forscher muss sich mit vollem Elan anstrengen, um an die nützliche Informationen zu gelangen, sowie als ein 'Fremder' in die Gesellschaft eingebunden und akzeptiert zu werden.

Des Weiteren schreibt die Autorin über die Ziele ihrer Forschung und des Buches. Hutchinsons Ziel ist es die Erlebnisse der Nuer aus den sechs Dekaden turbulenter Geschichte – wie Autorin sie nennt – zu beschreiben und wie die Nuer ihre Erfahrungen in das Alltagsleben, Kultur und soziale Beziehungen / Leben. «More specifically, this study shows how Nuer men and women have been actively reassessing local forms of power and sociality in their efforts to understand and keep pace with oscillating expansion and contraction of state and market structures between, roughly 1930 and 1992."[5]

Hutchinson erläutert des Letzteren, wo sich das so genannte «Nuerland» befindet und welche Eigenschaften dieser zugeschrieben werden. Die Autorin schreibt über die Naturalien, welche das Land besitz und aufgrund welcher diverse Kriege schliesslich geführt wurden und weiterhin geführt werden. Für die Nuer selbst scheint dies nicht von solch Bedeutung sein, wie für deren Gegner. Die Nuer, und dies betont

---

[3] Hutchinson, Seite 44.
[4] Hutchinson, Seite 45.
[5] Hutchinson, Seite 27.

Hutchinson durch ihr ganzes Buch, sind auf ihr Vieh und das gemeinschaftliche Leben fokussiert. Somit komme ich nun zum tatsächlichen Inhalt des Buches.

*****

Während des Lesens wird klar welche Aspekte für die Autorin – und somit für die Nuer – von wesentlicher Bedeutung sind: 'blood' und 'cattle'. Die Autorin beschreibt durch das Buch, in allen sieben Kapiteln, dass das Blut ein Symbol und Mittel der Reproduktion ist. Die Autorin setzt einen stärkeren Fokus jedoch auf das Vieh, wobei meiner Meinung nach der Fokus auf das Blut gesetzt werden konnte. Alle Titel der Kapitel deuten nämlich auf die Thematisierung der Bedeutung des Bluts. Kapitel vier stellt jedoch wieder das Vieh in den Vordergrund.

Hutchinson macht es jedoch sehr schlau. Obwohl es so scheint, das Vieh wäre das wichtigste Objekt ihrer Forschung, ist die Verbindung mit dem Blut nicht ausweichbar. Die Funktion des Blutes als Reproduktionsmittel ist nach Autorin die wichtigste Eigenschaft dieser Flüssigkeit für die Nuer. Wenn in Betracht gezogen wird, dass die Nuer ihres Vieh für diverse gesellschaftliche Prozesse gebrauchen, beispielsweise als Kaufkraft, Geschenke oder Erbe, spielt die Reproduktionsfähigkeit des Vieh die wesentliche Rolle. An einer Stelle schreibt Hutchinson, dass die Nuer nicht an das Geld glauben, denn es hat kein Blut und lässt sich somit nicht reproduzieren. Die Erklärungen über die genaue Vorstellung und Funktion des Vieh als Kaufkraft, Geschenk oder Erbe präsentiert Hutchinson auf hervorragende Art und Weise mit eigenen Diagramm-Modellen, welche jedoch ohne Weiteres nicht auf den ersten Blick gänzlich verstanden werden können. Die Transformationen zwischen 'Vieh-Geld' und 'Geld-Vieh' sind sehr schwer zu verstehen. Die Autorin schafft es anhand der Diagramme[6] und dazugehörige Kommentare und veranschaulichen Beispielen aus dem realen Leben die komplexe Materie einfach zu erklären. Die Umwandlungen zeigen, wie die Logik der Nuer funktioniert und welche Weltanschauungen präferiert werden.

Um die Thesen, Zusammenhänge und Erkenntnisse zu fundieren, erwähnt die Autorin nicht nur die Annahmen und Theorien der ethnologischen Forschung – also die des Evans-Pritchard – sondern auch die Annahmen und Theorien der Philosophie, Ökonomie, Politikwissenschaft und andere Kultur- und Sozialwissenschaften; so

---

[6] Hutchinson, Seiten 90–92.

erwähnt Hutchinson beispielsweise auch die Überlegungen von Marx und Engels. Mit diesen wissenschaftlichen Disziplinen vergleicht die Autorin die 'westliche' – unsere – Gesellschaft und die Nuer-Gesellschaft. Zum Teil scheint es so, als würde Hutchinson unsere Kapital-orientierte Gesellschaft kritisieren. Wie? Obwohl für die Nuer Krieg eine Art Kunst und Lebensweise darstellt, was in unserer Gesellschaft etwas Dunkles und Negatives darstellt, gibt es die andere Seite der Nuer, welche unsere Gesellschaft übernehmen könnte. Die 'andere' Seite der Nuer schätzt nämlich die Natur. Die Schlussfolgerungen nach dem Lesen der meisten Kapitel präsentieren die Dilemmas der Nuer – das natürlich Materielle oder das Von-Menschen-Geschaffene.

Trotz kapitalistischer Orientierung der Nuer vertrauen sie dem Geld – den gedruckten Noten und Münzen – nicht. Das Geld besitzt kein Blut und kann sich somit nicht reproduzieren, das Vieh im Gegenteil schon. Hier werden die Naturalien in den Fokus gesetzt, welche durchaus ausschliesslich nach Bedürfnissen der Nuer eingesetzt werden. Die 'Araber' und andere Unternehmen von der ganzen Welt sehen im Sudan jedoch eine Menge Geld in den Naturalien. Diese sollen also verarbeitet werden, um Gewinne zu erzielen. Die Nuer verstehen den Kauf und Verkauf eher im materiellem sinne des Warentausches. Hier lässt sich also eine Kritik an unsere Gesellschaft spüre, welche Hutchinson absichtlich oder auch nicht in ihr Buch eingebunden hatte. Die Reproduktion begleitet die Autorin durch die gesamte Reise. Dabei handelt es sich auch um die Reproduktion der Nuer-Gesellschaft. Es spielt für die Nuer eine Rolle, ob die Nachkommen männlich oder weiblich sind, denn jedes Geschlecht hat Vor- und Nachteile, sowie eine bestimmte Funktion in der Gesellschaft. Wenn es um die politische Führung, Ehe oder Krieg geht, hat jede und jeder eine Aufgabe zu erfüllen. Das Geschlecht bestimmt, ob jemand das Vieh geschenkt bekommt oder abgeben muss, ob politische Meinungen einen Wert haben oder nicht, ob im Krieg stirbt oder verschont wird – solange gewisse Anforderungen der Gegnerpartei eingehalten werden, wie in Testimonia teilweise erläutert wird.

Im letzten Teil des Buches – hie und da auch im Hauptteil – stellt die Autorin mögliche Hypothesen für die Weiterentwicklung und Wandel in der Nuer-Gesellschaft. Alle 'Voraussagen' beziehen sich auf die Bedeutung des Viehs. So ist Hutchinson der Meinung, dass das Vieh immer mehr an Bedeutung verlieren wird und sich die Nuer and das Gebrauch des gedruckten Geldes angewöhnen werden müssen. Der Zweite Bürgerkrieg soll dieses Prozess der Autorin zufolge noch zusätzlich beschleunigen.

Solche Kommentare oder Voraussagen sich für die Wissenschaft Seltenheit, denn die Zukunft lässt sich nicht wissenschaftlich fundiert mit hundertprozentiger Sicherheit voraussagen. Nichtsdestotrotz ist es eine Bereicherung für den Leser über mögliche Zukunftsszenarien zu lesen. Sie dienen einer Kontrolle, ob der Leser die Materie verstanden hatte – dies ist also nur der Fall, falls der Leser mit den Thesen der Autorin einverstanden ist. Ausserdem handelt es sich hier um eine Ethnografie, welche in der Regel eine Beschreibung des Beobachteten ist. Dazu kommt der Schreibstil der Autorin, welcher auf Methode des Storytellings setzt.

ry, 2023.

Conclusio

Sharon E. Hutchinson schreibt ihres Buch wie eine Erzählung, eine Geschichte, das jedoch akademisch fundiert ist. Das Buch liest sich also ohne grosse Stolpersteine, denn die Materie wird vom Leser anhand einfacher Beispiele, welche Hutchinson liefert, verständlich aufgenommen und wirkt somit wie eine Erzählung. Eine Ethnografie soll schliesslich ein Bericht – eine Beschreibung – mit einer wissenschaftlichen Zielsetzung sein, in welchem der Forscher seine Beobachtungen, Konfrontationen, Eindrücke und Erlebnisse beschreibt. Hier leistet Hutchinson also eine hervorragende Arbeit.

Die Autorin schafft es die schwierige Stellen, die nicht ohne Weiteres verstanden werden können, mit eigenen Modellen zu veranschaulichen. Die Schwierigkeit mit den Prozessen ist bei Nuer tendenziell linguistisch bedingt, denn die Übersetzung einzelner Vorstellungen ins Englische sind teilweise Die Sprachen spielen hier die wesentliche Rolle. Hutchinson gibt sich immens viel Mühe, um die Begriffe und Vorstellungen aus der Nuer-Sprache ins Englische zu übersetzen, und zwar so, dass wir die Logik und Vorstellungen der Nuer im Hintergrund verstehen können. Hier besteht allerdings teilweise die Gefahr, dass die Autorin – da sie die Materie auf einem zusätzlichem Niveau versteht, nämlich per direkten Kontakt mit dieser – ihre Ausführungen etwas überlappend und verwirrt formuliert. Dies wiederum führt zur Verwirrung beim Leser. Glücklicherweise schreibt Hutchinson am Schluss jedes Kapitels eine kurze Zusammenfassung der wichtigsten Ergebnisse und Observationen.

Bei der Analyse des Wortlautes und der thematisierten Ereignisse kann die Position – politische und moralische – der Autorin elaboriert werden. Jedes Märchen hat einen Helden und einen Bösewicht. Hutchinson hat auch in ihrer Ethnografie einen Helden und ein Bösewicht quasi. Durch das gesamte Buch ist die Neigung zur Nuer zu spüren, denn über die Araber wird von der Autorin ausschliesslich Negatives berichtet. Es ist verständlich, dass die Quellen der Autorin auf die Nuer beschränkt sind, jedoch wäre eine Objektivierung, Kontextualisierung oder eine zusätzliche Erläuterung angebracht. Als Leser bekomme ich das Bild nur von einer Seite präsentiert, was für eine objektive wissenschaftliche Betrachtung eher suboptimal ist. Es ist jedoch zu betonen, dass es sich hier um eine ethnografische Arbeit handelt und nicht eine rein ethnologisch-akademische Analyse. Die Autorin betont die Funktion der Ethnografie mit Passagen, die wie Tagebucheinträge wirken. Diese sind hervorragende Einblicke in die Denkprozesse der Autorin, sowie geben zusätzliche Informationen über den Untersuchungsgegenstand.

Die Sprache per se darf auch nicht unkommentiert bleiben. Obwohl Hutchinson für die Zeit, aus welcher die Publikation stammt, recht liberal und kritisch gegenüber der westlichen Gesellschaft wirkt, benutzt die Autorin manchmal Begriffe, die heutzutage ohne weitere Erläuterung nicht alleinstehend sein sollten. Ein Begriff, der immer wieder verwendet wird, 'social media' hat für Hutchinson zu dieser Zeit eine andere Bedeutung als dies heute der Fall ist. Über die konkrete Deutung des Begriffs schreibt Hutchinson leider nicht, was etwas schade ist.

Beeindruckend ist auch die sehr schwache 'Zensur'. Die Sprache der wissenschaftlichen Arbeiten soll heute gendergerecht, non-brutal und allgemeingültig sein. Dies ist hier offensichtlich nicht der Fall, wenn die Beispiele Hutchinsons betrachtet werden. Es ist klar, dass Krieg kein Gala-Konzert ist, allerdings schreibt die Autorin teilweise über die grausame Taten zwischen den Gegnern sehr detailreich. Die Details greifen in die tiefe der höchsten Kriegsbrutalität, was möglicherweise heute nicht mehr mit gleichem Wortlaut publiziert worden wäre. Ich muss gestehen, dass genau diese Passagen die interessantesten waren, denn sie verraten nämlich, wie gekämpft wird und welche Vorstellungen von Brutalität diverse Gemeinschaften haben. Gleichzeitig mag es für die Autorin sehr gewagt gewesen, dieses Buch zu publizieren, wissend, dass die Brutalität für manche Leser zu werden könnte.

*****

In Konklusion kann ich sagen, dass Sharon E. Hutchinson ein hervorragendes ethnografisches Werk geschaffen hat. Sie präsentierte die Dilemmas der Nuer-Gesellschaft – Krieg, Waffen, Vieh, Gesellschaft, Regierung, Macht, Geld – mit vielen Details, welche über die Nuer viel verraten. Ein Leser – wie ich – der noch nie mit Nuer konfrontiert worden, geschweige in Sudan gewesen ist, ist schnell in der Materie und findet sich ohne grosse Mühe zurecht. Die Dilemmas werden nie direkt angesprochen, was etwas schade ist, jedoch sind die Themen so klar erörtert, dass die Dilemmas offensichtlich werden.

Dieses Werk Hutchinson ist wichtig für die Kariere der schaffende Ethnologin, sowie für die Ethnologie als Wissenschaft, denn es handelt sich – wie die Autorin selbst es erwähnt – von einer Fortsetzung und Aktualisierung der schon bestehender Forschung von Evans-Pritchard. Allerdings soll erwähnt werden, dass dieses Buch nicht nur für die Wissenschaftler Ethnologen geschrieben worden ist, sondern auch für andere Interessierte – in etwa Ökonomen, Philosophen, Historiker, etc. Auch das breitere Publikum – alle, die sich für Sudan, Afrika oder Nuer konkret interessieren – gehört zur Zielgruppe des Werks Hutchinsons.

Obwohl mein Gebiet der Expertise akademisch in historischer Forschung liegt und geografisch am Balkan, habe ich das Buch mit vollem Elan gelesen. Hutchinson schafft es, den Leser auf ihre Reise mitzunehmen und dabei eine Geschichte zu erzählen, ohne dass das Interesse des Lesers abschwächt.

Die immens lange Bibliografie und der Anhang liefern eine grosse Palette für weiterführende Forschung, falls jemand noch mehr über die Nuer oder die Situation in Sudan erfahren möchte. Die Lücke, welche in diesem Buch besteht, nämlich die Geschichte der anderer Seiten der Kriegsfront, ist mit der Literaturangabe somit abgedeckt. Nichtsdestotrotz wäre ich froh, wenn die Position der Autorin etwas objektiver wäre als sie schon ist. Nichtsdestotrotz ist das Buch empfehlenswert und erweitert das Horizont des Lesers.